報道カメラマンの課外授業

いっしょに考えよう、戦争のこと

1 戦争はどう報道されたのか

石川文洋・写真／文　協力・茅野市立北部中学校

童心社

石川さんの写真にひかれる生徒

この子たちに出会う約9年前の北部中。
たばこを吸う。ガムをかむ。ストーブのいたずらをして火を出す。道徳の時間に提示する読み物資料は読まず、「これなら見るだろう」と見せた動画でも寝ている。総合的な学習の時間も飛び回り、落ち着かない。そんな生徒に対して手をこまねいていた。

そんな生徒を諏訪市美術館での石川さんの写真展に連れて行った。興味をひかないという予想に反して、彼らは死体が転がっている写真のところで立ち止まった。隅々まで凝視し、もっと悲惨な死体の写真はないかと探し出した。いすに置いてあった石川さんの写真集の中から、体が引き裂かれた写真を見つけ出し、「みてみて」と私に見せてきた。

ああ、これだと思った。暴れる子が求めているもの。落ち着いた子が求めているもの。教師が求めているもの。学校行事が求めているもの。時代が求めているもの。それがここにあるような気がした。

授業づくりと生徒の変化

そしてこの本に出てくる子どもたちに出会う。
石川文洋さんと一緒に授業を仕組んでいくと、葛藤は多岐にわたった。教材の「量（ひとつの写真／多くの写真）」「質（生々しい現実／心的外傷）」

石川文洋さんとの平和教育

両角　太　長野県茅野市立永明中学校教諭

「ねらい（深い考察／広い視野）」などの選定に頭を抱えた。

熱い思いと豊富な知識を持つ石川さんと、多様な意識の生徒をつなげるのはむずかしい。

はじめは暗く残酷な内容で終始していた。重い授業で苦しむ生徒もいた。しかし、講演や授業の終わりに、学校生活の動画や家族との写真で自分を見つめる場面を設定すると、日々のささやかな生活のありがたさを感想に書くようになった。そして次回、もっと戦争の現実を知らなくてはと、重い内容に一歩踏み出そうとするようになっていった。一方、石川さんと私は相変わらず授業用写真を選ぶのに悩み、気を重くしていたが……。

石川さんとつながる

石川さんと生徒が共感しあい、過去から今を想像し、つなげながら学んでいった。

「戦争と報道」では、命がけで戦場に足を運ぶ戦場カメラマンの視点から多くを学んだ。当時、凶弾に倒れたジャーナリストの山本美香さんのニュースを、石川さんの話と重ねて、実感を持って理解した。

「沖縄」では、集団自決を軸に石川さんの故郷・沖縄での戦争について学んだ。長野県は満蒙開拓移民が日本一多く、引き揚げの際の集団自決は身近な素材である。石川さんも生徒も故郷で悲しい出来事があったという共通点がある。そして故郷の文化や素晴らしさを共感しあいながら学んでいった。

「ベトナムの50年」では、戦場での目をそむけたくなる現実を知る。戦場とはこんなにも残酷で、こんなにもいろいろな悲しみが生まれる。「戦争はその時だけじゃなくてずっと続くんだ」と言った生徒の感想が印象深い。

「命どぅ宝　戦争の実態」では、悲惨な戦争とともに健気に生きる子どもたちの写真が紹介される。現在世界で起こっている戦争、日本が過去に起こした戦争を想像する力をつけていった。

さいごに

大人の心配をよそに、子どもたちは順応性を持っていた。悲惨な写真を「気持ち悪い」「見たくない」と言っていても、「きちんと見なきゃ」「目をそむけてはならない」と自分で言い聞かせていった。心的外傷や政治思想などへの配慮は必要ではある。が、子どもはそれらの問題もふくめて現実を心に刻み、たくましく生きるようになっていった。未来の子どもたちのために、石川さんの写真と平和教育が多くの人に伝わることを願っている。

＊この本の元になっているのは、両角先生が以前勤務していた茅野市立北部中学校で、2010年9月から行われた、石川文洋さんとの平和学習の授業です。2010年に入学した1学年4クラス127人が、卒業する2013年3月までの間に5回。2013年に入学した126人が2016年3月に卒業するまで5回、計10回行いました。

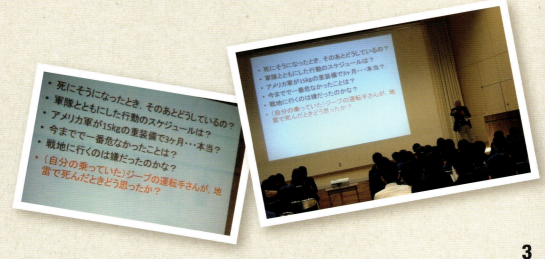

報道カメラマンの課外授業

いっしょに考えよう、戦争のこと

1 戦争はどう報道されたのか

目次

石川文洋さんとの平和教育
両角 太（長野県茅野市立永明中学校教諭）
2

まえがき……石川文洋
5

石川文洋さんの課外授業
8

生徒たちが感じたこと、考えたこと
38

先生が感じたこと、思ったこと
花岡 望（長野県茅野市立北部中学校教諭）
44

あとがき……石川文洋
45

さくいん
46

まえがき

石川　文洋

　皆さん、こんにちは。この本は長野県茅野市立北部中学校で「私が見てきた戦争」について話したことをまとめました。

　なぜ、戦争について話すのかというと、戦争は多くの人間の命をうばってしまうからです。沖縄には「命どぅ宝」という言葉があります。命こそ宝という意味です。1945年3月から始まった沖縄での日本軍と米軍との戦争に巻きこまれて、人口の4分の1となる12万人以上の沖縄の人々の命がうばわれました。「命どぅ宝」とは、戦争の悲劇を体験した沖縄の人々から生まれた言葉です。

　命が大切なことは当たり前、そんなことは知っていると皆さんは思うかもしれません。でもどれだけ大切なのか。皆さんは若いから実感としてはまだないと思います。私は今、80歳です。ベトナム戦争を撮影している時、私が政府軍のジープから下りて5分もたたないうちに、そのジープが地雷で吹き飛ばされました。もう少し乗っていたら私は死んでいたでしょう。その時、27歳でした。それから今日まで53年間、いろいろな体験ができました。命を失ってしまえばそれで人生は終わりです。何もできません。今日、こうして皆さんと話すこともできなかったのです。

　私はベトナム、ラオス、カンボジア、ボスニア、ソマリア、アフガニスタンの戦場で、戦争によって命をうばわれた人の姿をたくさん撮影してきました。そのたびに「命どぅ宝」と思い続けてきました。これから4冊に分けて戦争について話すのは、「命どぅ宝」ということを皆さんに伝えたいからです。

　戦争は大勢の大切な命をうばってしまいます。そのことも皆さんはわかっていると思います。では戦争を無くするためにはどうしたらよいのか。地震、津波、集中豪雨などの自然災害でも多くの犠牲者が出ますが、自然災害は防ぐことが困難です。

　戦争は人間が起こすものですから、人間の力で防ぐことができます。戦争を防ぐためにはどうすればよいのか。戦争がどのようなものなのか、戦争の事実を知って戦争によって起こった悲劇を見つめ、「命どぅ宝」について考え、これから起こるかもしれない戦争の悲劇を想像する力をつけることです。

　戦争のことを知るためには、過去の戦争について書かれた書物を読むか、テレビのドキュメンタリー特集を見たりするでしょう。現在、世界のどこかで起こっている戦争について、新聞やテレビの報道を見ることもできます。

　皆さんは、在学中に学ばなければならないことがほかにたくさんあると思いますが、戦場体験者の話を聞くことは今後ないかもしれないので、私の報告を頭の隅に置いておいて戦争について考える時に思い出していただければうれしいです。

　私たち報道カメラマンは現地に行けない人に代わって、現地の状況をありのままに伝えることを目的としています。また次の世代にその写真を記録として伝える役割も果たします。

　まず、日本の戦争の報道から考えていきたいと思います。

石川文洋さんの 平和授業を理解するための 戦争史年表

	日本の動き	世界の動き
1929 ●昭和4		● 世界恐慌
1930 ●昭和5	● ロンドン海軍軍縮会議に出席	● ロンドン海軍軍縮会議
1931 ●昭和6	**満州事変** 中国では蒋介石が国民政府をつくり中国の統一を進め満州へも勢力を広げようとした。危機感を抱いた関東軍は柳条湖で満鉄の線路を爆破し、中国のしわざだとして軍事行動を起こし、満州を占領した。	
1932 ●昭和7	● 満州国をつくる	
1933 ●昭和8	● 国際連盟を脱退	● ドイツにナチス政権成立
1937 ●昭和12	**日中戦争はじまる**(〜1945) 日本は華北に侵入、北京郊外の盧溝橋で中国軍と武力衝突し、戦争が起こった。	
1938 ●昭和13	● 国家総動員法公布	
1939 ●昭和14		**第二次世界大戦**(〜1945) ドイツはソ連と不可侵条約を、イタリアと軍事同盟を結びポーランドに侵入。イギリスとフランスがドイツに宣戦した。
1940 ●昭和15	● 日独伊三国同盟	● ドイツ軍、パリに侵攻
1941 ●昭和16	● 日ソ中立条約調印 **アジア・太平洋戦争**(〜1945) 日本は1941年12月8日、陸軍はマレー半島に上陸、海軍はハワイの真珠湾を奇襲攻撃し、日本はアメリカ・イギリスに宣戦した。日中戦争はアジアと太平洋での戦争に拡大、ヨーロッパの戦争とも結びつき世界規模の戦争となった。	
1943 ●昭和18		● イタリア降伏
1945 ●昭和20	**東京大空襲** アメリカ軍は1944年末から終結まで日本全国の都市への空襲を続けた。1945年3月10日の東京大空襲では10万人以上の命がうばわれた。	**ドイツ降伏** 1944年8月、連合国軍はパリをうばい返し、東西からドイツを攻撃、翌年ドイツは降伏しヨーロッパの戦争は終わる。
	沖縄戦 4月に上陸したアメリカ軍との激しい地上戦は3か月以上続き、戦闘による犠牲者は約18万8000人、うち沖縄県民は12万人以上と推定されている。	● 国際連合成立
	広島・長崎に原爆落とされる 日本は無条件降伏を求めるポツダム宣言を黙殺した。これに対してアメリカは8月6日に広島、9日に長崎に原子爆弾を投下した。両都市であわせて20数万人が死亡し、多くの人がその後も原爆症で苦しんでいる。	
	ポツダム宣言受諾 アジア太平洋戦争終わる 8月8日、ソ連が中立条約を破棄して、満州や朝鮮に侵攻した。8月15日、昭和天皇が敗戦を国民に伝えた。日本の植民地になっていた台湾や朝鮮、占領されていた中国の人びとにとっては、民族解放の日となった。	
1946 ●昭和21	● 日本国憲法公布	
1949 ●昭和24		● 北大西洋条約機構(NATO)成立
		● 中華人民共和国成立
1950 ●昭和25		● 朝鮮戦争起こる(〜1953)
1951 ●昭和26	**サンフランシスコ平和条約** アメリカなど48か国と結んだ講和条約。朝鮮の独立を認め、台湾・千島列島・南樺太などを放棄し、アメリカの沖縄・奄美・小笠原諸島の占領を継続することとした。	

年	和暦	日本の出来事	世界の出来事
1951	昭和26	**日米安全保障条約調印** アメリカ軍が日本に駐留し、国内の基地を使用することを認めた。	
1953	昭和28	奄美諸島、返還される	
1954	昭和29	第五福竜丸事件	アメリカが水爆実験
1956	昭和31	日ソ共同宣言、国際連合に加盟	
1960	昭和35	**日米新安保条約調印** アメリカ軍の駐留を継続、アメリカとの関係を強化する内容に、反対運動が高まった。	アフリカで17か国が独立
1962	昭和37		キューバ危機
1963	昭和38		部分的核実験禁止条約
1965	昭和40	日韓基本条約調印	**ベトナム戦争(〜1975)** ベトナムは1954年以降南北に分かれていた。南ベトナムではアメリカの支援する政府勢力と北ベトナムの支援を受けた解放民族戦線との間で内戦が起こった。アメリカは1965年に北ベトナムへの爆撃を開始し内戦に介入した。解放民族戦線はソ連・中国の支援も受けて激しい戦争になった。日本政府はアメリカに協力し、沖縄の米軍基地がベトナム戦争の重要な基地となった。
1968	昭和43	小笠原諸島、返還される	
1970	昭和45		**カンボジア内戦(〜1993)** アメリカが支援するロン=ノル将軍がシハヌーク国王政権をクーデターにより追放した。北ベトナムがカンボジアを攻撃したため、アメリカはカンボジアに侵攻し、ベトナム戦争はカンボジアに拡大した。
1972	昭和47	**沖縄諸島、返還される** 戦後もアメリカの軍政下にあった沖縄では、日本への復帰は実現したが基地はほぼそのまま残った。今でも本島の約15％に当たる土地がアメリカ軍基地に使われている。 日中国交正常化	
1973	昭和48		**ベトナム和平協定調印** アメリカは敗北しベトナムから撤退を開始した。 第4次中東戦争
1975	昭和50		ベトナム戦争終わる
1978	昭和53	日中平和友好条約調印	
1980	昭和55		イラン・イラク戦争起こる(〜1988)
1989	平成元		天安門事件
1990	平成2		東西ドイツの統一 湾岸戦争起こる
1991	平成3		**ユーゴスラビア紛争(〜2000)** 独立をめぐり、内戦が起きNATO軍が介入、ユーゴは解体した。
1992	平成4		**ボスニア・ヘルツェゴビナ紛争(〜1995)** ユーゴスラビアの紛争のひとつで、ボスニア・ヘルツェゴビナが独立を宣言した後、国内で3つの民族対立が起きた。東部の町スレブレニツァでは大量虐殺が起こった。
1993	平成5		ヨーロッパ連合(EU)が成立
2001	平成13		アメリカ、同時多発テロが起こる **アフガニスタン紛争** 同時多発テロの首謀者としてアルカイダのビン・ラディンの引き渡しを求めるアメリカに対して、アフガニスタンのタリバン政権は拒否。アメリカと有志連合諸国、北部同盟がタリバン政権を相手に軍事行動を起こした。
2003	平成15		イラク戦争

ではこれから、
戦争と報道について、一緒(いっしょ)に
考えていきましょう。

戦争は人間が起こすものですから、
人間の力で防ぐことができます。
戦争を防ぐためには
どうすればよいでしょうか。

書類を焼く煙で空が暗くなった

　私の本棚には日本の戦争についての本や写真集がたくさんあります。

　日本は敗戦直後、戦争責任者が裁判にかけられた場合、都合が悪くなると思われる書類を各役所で全部焼いてしまいました。その煙で東京の空は暗くなったと言われています。

　朝日、読売、同盟通信（共同通信）などの新聞社も戦場で撮影したネガを焼いてしまいました。毎日新聞社だけがネガを焼かないで残したので、「1億人の昭和史　日本の戦史」シリーズを出すことができました。

ネガ……「ネガフィルム」の略。写真撮影後、現像したフィルムでは撮影したものの光の明暗や色の濃淡が反転した画像になっている。それをプリントするときに再度反転させる。

アジア・太平洋戦争では日本軍の司令部は戦争の宣伝になる報道しか許可しなかった

　この写真には〈不許可〉という判があります。毎日新聞社「1億人の昭和史⑩不許可写真史」の一部です。アジア・太平洋戦争では、日本軍の司令部は日本の戦争の宣伝になる報道しか許可しませんでした。新聞社は、記事や写真を軍の報道担当将校に見せて許可を得てからでないと新聞に載せることはできませんでした。軍にとって都合が悪いと〈不許可〉としたのです。この写真を見て、中国兵やミャンマーの市民を日本軍が暴力的に苦しめていると思われるとこまると思ったのでしょう。

　1938［昭和13］年、政府が国民に戦争協力を強いる**国家総動員法**ができて、記者やカメラマンは軍の報道班員という資格になって軍の検閲を受けたのです。

国家総動員法……1938年、第一次近衛文麿内閣のときに制定された法律。日中戦争の長期化に備えるため、政府に国民生活のすべてを統制できる権限を与えた。1946年廃止された。

新聞の報道に喜んだ人びとは全国でお祝いの提灯行列をした

　1937［昭和12］年12月、中国の**南京を日本軍が占領**した時の東京朝日新聞（現在の朝日新聞東京本社版の前身）です。日本軍が万歳をしている写真が掲載され、日本軍の強さを誇る軍司令部の言葉を紹介していますが、日本人はこうした報道に喜んで、東京ほか全国で旗や提灯を持って行列をつくりお祝いをしています。他社の新聞の報道も同じような内容です。

南京を日本軍が占領……1937年7月の盧溝橋事件に端を発した日本と中国の戦争は、上海で激しく衝突し多くの死傷者を出す。その後首都南京へと中国軍を追う日本軍は12月13日南京を占領した。

1988年撮影

大勢の中国兵や民間人が殺されたと外国のメディアは伝えた

　当時、日本の新聞では報道されませんでしたが、南京占領のとき、大勢の中国兵や民間人が日本軍によって殺されたと、南京にいた外国のメディアは伝えました。

　現在、南京に、日本軍の残虐な行為を告発する南京大虐殺記念館があります。そこには30万人が殺されたと書いてありました。私には数はわかりませんが、多くの人が殺されたのは事実だと思います。南京の各所に地元の人が建てた碑を見たからです。以前私は広島県で、原爆犠牲者の遺族によって建てられた碑を全部撮影したことがあります。それを思い出しました。

　写真は、南京にある大虐殺記念館の前に建てられた、日本軍によって連行される中国人の彫刻。

戦争では加害者にも被害者にもなった

1988年撮影

南京で生存者から話を聞きました。

左の女性は当時、7歳だったそうです。日本兵に9人家族のうち両親をふくめ7人が殺され、この人は銃剣で背中を3か所刺されたが後で生き返り、妹は布団の下に隠れて助かったと話していました。右の2人もそれぞれ当時の体験を話しました。広島にも原爆被害体験の語り部がいて、沖縄戦の語り部もいます。戦争では日本人は加害者にも被害者にもなったのです。

1931年、柳条湖事件が起きた

1988年撮影

満州国……満州事変によって日本軍が占領した中国東北部につくりあげた国家。清朝最後の皇帝溥儀を執政として建国したが実態は関東軍が実権をにぎっていた。

1931［昭和6］年9月18日。日本が経営している南満州鉄道の線路が爆破された柳条湖事件が起きました。柳条湖というのは場所の名です。中国人が爆撃を仕掛けたとして当時、その一帯に駐留していた日本の関東軍が中国東北部を攻撃して占領しました。そして翌年、満州国を樹立させました。

この写真は第二次世界大戦終戦後、中国人によって倒された炸弾碑です。炸弾碑とは、日本軍が満州事変の軍功を誇示するために建てた記念碑です。

柳条湖事件は中国兵によるものだと新聞は報道した

柳条湖事件では、実際は中国人が爆破したのではなく、関東軍の板垣征四郎大佐と石原莞爾中佐たちが計画・実行し、中国人のせいにしたということが現在明らかにされています。写真は当時の朝日新聞ですが、中国兵が鉄道線路を爆破し、守備兵を攻撃したので日本軍が反撃したと書いてあります。日本軍の発表を記事にしたので、他社の新聞も同じです。新聞も日本国民も日本軍にだまされていたのです。日本の戦争の実態の多くを国民は知らされていませんでした。

写真提供：満蒙開拓平和記念館

日本政府は満州へ農民を移住させようとした

この写真は満州へ渡った長野県の**黒台信濃村開拓団**です。中国の東北部を昔は満州と言っていました（1932［昭和7］年日本は満州国をつくりましたが第二次世界大戦敗戦後に中国に返還し、今は満州という呼び方はなくなりました）。日本政府は1936［昭和11］年、日本から満州へ約500万人の農民を移住させる計画を決定しました。

約27万人が満州へ行きましたが、長野県がいちばん多く約3万7000人でした。中国人の土地をすごく安く買ったり、軍隊の力でうばったりしたので中国の人は反対していました。

黒台信濃村開拓団……全国ではじめてのひとつの県による編成の開拓団として長野県から送り出された。第4次までの試験移民開拓団を経て第5次開拓団として1936年10月に入植式が行われた。終戦時には356戸1610人のうち死者・行方不明者等が1112人。

日本政府や軍は開拓団を守らなかった

写真提供：満蒙開拓平和記念館

満州はソ連（現ロシア）との間に長い国境がありました。国境近くにも日本の開拓者が大勢住んでいましたが、1945［昭和20］年8月9日、150万人以上のソ連軍が突然、国境を越えて満州に攻めこんできました。

開拓団の人たちは、日本軍が守ってくれると思っていましたが、日本軍は開拓団には黙って国境からずっと遠い朝鮮半島の方まで引きあげてしまいました。この地図の新京、ここが満州国の首都でした。今は長春と言っています。ソ連国境に近い図們。中国語でトゥーメンと呼びます。ここまで日本軍は開拓団を置き去りにして撤退してしまったのです。

開拓団の15〜45歳の男子は、兵隊として現地で徴兵されていたので、敗戦後、老人、女性、子どもたちだけで逃げました。満州へ行った約27万人のうち約8万人が死んだと言われていますが、ソ連兵に殺されたり、集団自決、食べるものがなく体が弱って病死など、その悲劇は私たちの想像をこえています。

国の政策として農民や開拓青少年義勇兵として14〜15歳の少年を満州へ送った政府や日本軍は、開拓団を守らなかったのです。沖縄戦でも軍は民間人を守りませんでした。戦争とはそういうものです。私が見たベトナム戦争では、軍の攻撃で大勢の民間人が死んでいました。

皆さん、ぜひ下伊那郡にある**満蒙開拓平和記念館**へ行って下さい。戦争を知るきっかけになると思います。野沢温泉や志賀高原のある区域の高社郷開拓団716人のうち、576人が死んでいるがその多くは自決です。

満蒙開拓平和記念館……日中両国で多くの犠牲者を出した満蒙開拓の史実を通じて、戦争の悲惨さ、平和の尊さを学び、次世代に語り継ぐとともに国内外に向けた平和発信の拠点として、歴史資料の記録・保存・展示・研究を行っている。長野県下伊那郡阿智村駒場711番地10。

> **1941年12月8日
> 日本軍が真珠湾を攻撃して
> 日米の戦争が始まった**

1991年撮影

ハワイの記念館……アメリカ合衆国ハワイ州オアフ島にあるアリゾナ記念館。真珠湾攻撃で撃沈された戦艦アリゾナの上に建つ慰霊施設。

　日本軍の攻撃でハワイの真珠湾に沈んだ戦艦アリゾナの煙突です。1941〔昭和16〕年12月8日。日本軍はアメリカ艦隊の基地だった真珠湾を攻撃しました。日本国内では大勝利と報道され国民は喜びましたが、アメリカとの戦闘が始まり、敗戦まで多くの日本の兵士や民間人・アジアの人々が死亡しました。**ハワイの記念館**には真珠湾攻撃で死亡したアメリカ兵3300人、民間人68人の名が記され、大勢の観光客が訪れていました。日本に原爆の記念館があるようにアメリカにも記念館があるのです。

> **この丘での戦闘で
> 多くの日本兵が戦死した**

1994年撮影

ガダルカナル島。この丘の攻防戦で大勢の日本兵が戦死したので「血染めの丘」と呼ばれています。この島で日本軍兵士約2万5000人が戦死しました。そのうち約1万5000人は食糧が無くなったための餓死でした。国民にはそのことは知らされませんでした。

ガダルカナル島……南太平洋ソロモン諸島最大の島。1942年8月から1943年2月にかけて、日本軍と連合国軍が戦った。日本軍が建設中の飛行場をアメリカ軍が占領したため、日本軍がうばい返そうと攻撃をするがアメリカ軍の反撃を受けて多くの犠牲者を出し、ついに日本軍はガダルカナル島から撤退する。補給を絶たれ多くの餓死者、病死者を出したこの攻防戦を境に、戦局はアメリカ軍が優勢になる。

アジア・太平洋戦争では多くの兵士が餓死した

平塚柾緒 編著『米軍が記録したガダルカナルの戦い』草思社

食べるものがなくやせた日本兵の死体です。ガダルカナル島を占領したアメリカ兵が撮影しました。日本軍はアジア・太平洋戦争で200万人以上が戦死したといわれていますが、輸送船が沈められたり、餓死したり自決した兵士が多かったのです。**フィリピンの戦い**、ビルマ（現ミャンマー）の**インパール作戦**でも多くの兵士が餓死しました。

フィリピンの戦い……1944年10月から敗戦まで連合国軍と日本軍との間で行われた戦闘。レイテ沖海戦で日本軍の艦隊が壊滅し、補給を絶たれたレイテ島、ルソン島にとり残された兵士たちの多くが餓死した。フィリピンの戦いにおける日本陸軍の戦死・戦病死者数は約33万6000人。　**インパール作戦**……1944年3月から7月まで行われた日本軍の作戦。中国軍への補給ルートを絶つためにインドの都市インパールを攻略するのが目的だったが、当初より物資や食糧の補給を軽視した無謀な作戦だったため、多くの犠牲者を出して中止された。

> 昔、ここから多くの戦闘機が飛び立っていった

ラバウル航空隊……ニューブリテン島（現パプアニューギニア）のラバウル基地で戦闘に参加していた、日本陸海軍あわせて9万あまりの航空隊のこと。

1994年撮影

　ラバウル航空隊の飛行場の跡です。子どもたちの学校の通り道になっていました。第二次世界大戦の時、太平洋の海や島での戦闘を支援しました。日本軍最高司令部は大本営と呼ばれていましたが、その発表は、負けている戦争を勝ったと言ううそが多く、新聞は大本営の発表を記事にしたので、国民は戦争の本当の状況を知りませんでした。

> アジア・太平洋戦争では
> たくさんの島々に基地をつくり兵士を送った

第204海軍航空隊編
『ラバウル空戦記』朝日ソノラマ

　ラバウル航空隊の戦争当時の写真です。アメリカとの戦争は太平洋の島での戦闘が多かったので、たくさんの島々に陸軍、海軍の基地をつくり、兵隊を送りました。そのため、お金がかかり、国民は貧しい生活でがまんしていたのです。私もご飯はときどきしか食べられず、その代わりにサツマイモを食べていました。戦争にはきわめて多くのお金がかかります。

第204海軍航空隊編『ラバウル空戦記』朝日ソノラマ

ラバウル飛行場での兵士たちです。明るい笑顔です。このなかから何人が生き残ったでしょう。ラバウルで生き残っても戦争中はあちこちへ回されるので、そのうちに戦死した人が多かったのです。生きていればいろいろな人生を送ることができました。戦争は残酷です。

楽しそうに笑って何を話していたんだろう

宮城喜久子・大田昌秀『最後の戦闘：沖縄・硫黄島戦記』潮書房

義烈空挺隊……沖縄戦時に、アメリカ軍に占領されていた読谷飛行場と中飛行場に強行着陸して、アメリカ軍の戦闘機や施設等を破壊するための特攻作戦に出撃した部隊。

死を覚悟して、どうして笑っていられるんだろう

小柳次一カメラマンが撮影したこの写真は、熊本の飛行場から1945［昭和20］年5月24日沖縄へ出撃する**義烈空挺隊**という特攻隊の兵士たちです。特攻隊というのは死ぬことを覚悟で戦う部隊です。それなのに笑顔が見られます。当時日本では戦死することが名誉とされていました。私も当時、兵士となる年齢だったら特攻隊員になっていたかもしれません。この特攻隊には沖縄出身の山城金栄准尉もいました。戦争では「命どぅ宝」ではなくなるのです。

特攻隊員の笑顔を撮影したカメラマンがいた

石川保昌 構成・文『報道写真の青春時代：名取洋之助と仲間たち』講談社

それぞれの新聞社は日本の戦争報道に大勢の記者やカメラマンを送りました。朝日新聞社は真珠湾攻撃後の10か月間に記者112人、カメラマンをフィリピンほか各国へ送ったそうです。新聞社ではなく日本工房という小さなプロダクションから派遣された小柳次一カメラマンの写真からは、戦争のまっただ中であるにもかかわらず撮影された人の人間性が感じられます。義烈空挺隊の撮影を続けていた小柳カメラマンに向けた、出撃間近の宮越春雄准尉の笑顔。宮越准尉は27歳で戦死しました。

2008年撮影

父は、ぼくが生まれる前に戦死した

　NHK教育テレビ「ETV特集」の『戦場カメラマン・小柳次一』の撮影で、新潟県上越市へ行き、宮越春雄准尉の妹の春枝さんと次男の誠二さんにお会いしました。誠二さんは春雄さんと妻ヨシノさんの次男として8月31日に生まれましたが、その3か月前に春雄さんが戦死したので父の顔を知らないということでした。結婚したばかりで夫が戦死したり、子どもが父の顔を知らないという家庭がたくさんあったのです。ベトナム戦争でもそういう人が大勢いました。写真は春雄さんの墓の前。左から誠二さん、春枝さんと夫の敏さんです。

小沢健志ほか編
『日本写真全集4』
小学館

特攻隊として出撃前の将校たち。1945[昭和20]年8月13日。あと2日遅ければ終戦となり、この人たちは助かったかもしれません。松本政利という人が撮影しました。この人たちに生きて多くの人生を過ごしてもらいたかったと思わずにはいられない写真です。1944[昭和19]年10月25日から特別攻撃が始まり、終戦までに約4000人が尊い命を失ったそうです。

出撃があと2日遅ければ生きのびていたかもしれない

早乙女勝元『東京大空襲：昭和20年3月10日の記録』岩波書店

焼け死んだたくさんの人びと子どもたちもいる

1945[昭和20]年3月10日。米軍の爆撃（東京大空襲）で焼け死んだ人々です。このなかには子どももいます。この日私は千葉県船橋市の家から夜、東京の空が赤く染まっていたのを見ていました。私が通っていた東京都墨田区の両国高校には、この大空襲の経験者がかなりいました。戦争は残酷です。空襲や原爆で東京、大阪、広島、長崎など日本全国で約56万人が犠牲になったと推定されています。

戦争では民間人のいる場所も爆撃される

日本が空襲を受けただけでなく、日本軍も中国では写真のように重慶ほかを爆撃して大きな被害を与えています。ドイツ軍はイギリスのロンドン、イギリス軍はドイツのベルリンを爆撃。ベトナム戦争では米軍による爆撃も激しかったです。最近も、パレスチナ、ウクライナ、イラク、アフガニスタンほかで爆撃があり、まだ続いているところもあります。抵抗のできない民間人のいる場所を爆撃するのは最大のテロだと思っています。

太平洋戦争研究会編／森山康平著『図説日中戦争』河出書房新社

2011年撮影

犠牲になった人たちのために何ができるだろう

　私は8月6日と9日の広島、長崎の平和記念式典を必ずテレビで見るようにしています。そして、夏休みにセミをとっていた子どもたちや、長崎で工場に動員されていた女学生たちが一瞬のうちに死んだり、大やけどを負った様子を想像します。式典に出席した人たちと一緒に黙祷をささげます。原爆で犠牲になった人たちのためにも核兵器を無くさなければならないと思うからです。

> バリケードが
> ひとつの国を分断している

1969年撮影

　韓国側から見た**38度線**。バリケードの左側が朝鮮民主主義人民共和国（北朝鮮）。右が大韓民国（韓国）。以前はベトナム、ドイツ、イエメンも二つに分断されていましたが、今では統一されています。この写真を撮影した1969［昭和44］年から50年近く経っても、朝鮮半島は分断されたままです。

　私はいつか平和的に統一されることを願っていますが、「命どぅ宝」が大切です。戦争によって多くの犠牲者を出すような方法で統一するのは反対です。

38度線……1950年6月25日に起こった朝鮮戦争は1953年に板門店で休戦協定が結ばれた。ほぼ北緯38度線にそって軍事境界線が設けられ、南北に幅2kmの非武装地帯と呼ばれる無人の土地がある。　**韓国併合**……日露戦争（1904〜05）後、韓国の支配権を獲得した日本は、1910年に韓国併合を行い、日本の植民地とした。言論の自由をうばい日本語を使うよう強制した。1945年、日本の敗戦まで35年間続いた。
朝鮮戦争……1950年6月25日、北朝鮮が38度線を越えて韓国に侵攻したことにより起こった戦争。アメリカ軍率いる国連軍が韓国を支援し、中国は北朝鮮を支援した。約300万人もの犠牲者を出して1953年7月休戦した。

1969年撮影

なぜ、二つに分断されなければならなかったのだろう

　南北の境界線を警戒している韓国兵です。1969［昭和44］年に撮影したものです。この若い兵士も、今では孫のいるおじいちゃんの年齢になっているでしょう。

　私は1910［明治43］年の日本の**韓国併合**が現在、朝鮮半島が分断されている原因になったと考えています。日本は1945［昭和20］年に敗戦するまで35年間、朝鮮半島を日本の領土として支配しました。日本の敗戦後、ソ連とアメリカの勢力争いで朝鮮半島を38度線から南北に分断し、南はアメリカ側となった大韓民国（韓国）、北はソ連の影響が強い朝鮮民主主義人民共和国（北朝鮮）になりました。

　日本が朝鮮半島を支配しなければ、そして中国、アメリカと戦争をしなければ、朝鮮半島は分断されずに、その後の**朝鮮戦争**も起こっていなかったと思います。

1991年撮影

> **活気がある韓国の食堂街**
> **いつも、いい匂いがしている**

　韓国の首都ソウルにある食堂街です。いつも人が多く、せまくてごちゃごちゃとしていますが、安く食べられるので私は好きな所です。韓国とベトナムの料理は種類がたくさんあって、世界でも指折りのおいしい食べ物だと思っています。

> **いま見えている軍事境界線の壁が**
> **無くなる日を想像してみよう**

1985年撮影

　北朝鮮側から見た38度線の境界の壁です。いつの日か壁が無くなって、南北に別れて住んでいる人たちが、自由に行ったり来たりできるといいなと思っています。

1991年撮影

境界線を守る兵士
彼はいま
何を思っているのだろう

　境界線を警備する北朝鮮の兵士です。後ろにある建物で北朝鮮、韓国の代表団が会議をします。その向こうは韓国側の建物です。

　私は韓国側から初めて北朝鮮の兵士を見たとき、怖い感じを受けました。でも北朝鮮へ来て兵士と話すと、優しい人だなと思いました。日本がアメリカと戦争をしている時、私が通っていた小学校の壁に、赤い顔で鬼のように歯をむき出して、頭から角が生えたアメリカ兵のポスターが貼ってありました。でもその後、香港で、アメリカ人が経営する映像プロダクションに勤めましたが、社長は優しい人でした。アメリカ兵も戦争中は日本兵を憎んでいたと思います。

　戦争を無くすためには、交流を深くしておたがいの良い点を知り、親しみの気持ちを持つことが大切です。

1991年撮影

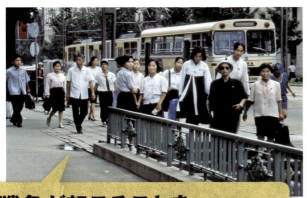

戦争が起こることを
望んでいる人はいるだろうか

　北朝鮮の首都・平壌を歩く人たちです。「北朝鮮は核実験、ミサイル実験を繰り返している悪い国だから」と、もし他の国が攻撃したら、こうした市民も死んでしまいます。私たちと同じように一人ひとりに家庭があり、家族もいます。戦争になれば兵士だけではなく、ふつうの人びとが犠牲になるということを覚えておいてください。だからあくまでも話し合いで解決しなければなりません。これからベトナムほかの戦場で、その状況の写真を見てもらうことになります。

1992年撮影

> 北の海に浮かぶこの島も
> かつて戦場だった

北方領土の一つ、国後島から撮った写真です。海の向こうに見えるのは北海道の知床半島です。よく見ると双眼鏡を使わなくても自動車が走っている様子がわかります。距離的には近いのに、日本とロシアの政治の距離は遠いのです。かつて日本の領土であった北方四島は、ソ連（現在のロシア）によって、軍事力でうばわれたと私は思っています。この経過を話すと長くなるので、なぜ北方四島は日本の領土なのか、なぜ今はロシア領になっているのか、いつか自分で調べてみて下さい。

北方領土……1945年8月、ポツダム宣言を日本が受諾した後、ソ連は北方領土に上陸。占領は現在も続いている。1956年、日ソ共同宣言を発表し国交を回復したが、このとき日本は国後島、択捉島、歯舞島、色丹島（北方四島）は日本固有の領土であると主張した。ソ連は応じなかったため平和条約を結ぶことはできなかった。

この写真の人たちは、サハリンに暮らすコリアンです。コリアンとは韓国系、北朝鮮系をあわせた朝鮮半島出身の人たちの呼び名です。

アジア・太平洋戦争の頃、日本ではサハリンを樺太と呼び、南樺太は日本の領土でした。当時は朝鮮半島も日本が統治していたので、朝鮮半島の人びとは働くために南樺太へ行っていました。日本が戦争に負けるとソ連が南樺太をふくむ北方領土を支配し、働きに来ていた朝鮮半島の人びとはソ連の労働力としてそのまま南樺太に残されたのです。そこの炭鉱には大勢のコリアンがいましたが、日本時代には給料が少なく貧しい食事など、ひどい状況で働かされたそうです。サハリンには現在もコリアンが大勢住んでいます。

> 戦争が起こらなければ
> サハリンには来なかっただろう

1992年撮影

> サハリンで生まれ育った
> コリアンも大勢いる

1992年撮影

1945［昭和20］年、ソ連軍が北方領土を占領した時、4万5000人近くのコリアンがサハリンにいました。日本人は本土に帰されましたが、コリアンの出国は認められませんでした。サハリンには韓国系の人も大勢いましたが、朝鮮半島は南北に分断され、韓国側はアメリカの支配下だったからです。そのままサハリンに住みついたコリアンの3世以降の人は、コリアンの言葉が話せずロシア語しかわかりません。なぜ、サハリンに大勢のコリアンがいるのか。こうしたこともいつか勉強して下さい。

> では、これからベトナム戦争の報道について話します

1968年撮影

　私は4年間、ベトナム戦争の戦場を撮影しました。
　1975〔昭和50〕年4月30日、南ベトナム政府は**解放軍**に降伏して1976〔昭和51〕年7月、南北ベトナムは統一しました。それまでは今のホーチミン市はサイゴンと呼ばれていました。だから私も戦争中の話の中ではサイゴンと呼びます。
　この写真の正面にあるビルはレックスホテルと呼ばれ、現在もあります。戦争中はアメリカ南ベトナム援助軍司令部、英語を略してMACVの広報部があり、1階で毎日5時からMACVの記者会見が行われていて、私も時々行きました。

解放軍……アメリカに支援されたベトナム共和国（南ベトナム）政府軍に対抗し、1960年南ベトナム解放民族戦線が結成された。近代兵器で装備されたアメリカ軍が増えるにしたがってベトナム民主共和国（北ベトナム）軍も増加した。南ベトナム政府軍、アメリカ軍、同盟国（韓国・タイ・オーストラリア・フィリピン・ニュージーランド）と、南ベトナム解放民族戦線正規軍、ゲリラ、北ベトナム軍、北ベトナム軍・解放戦線軍の混合軍が戦争をしていた。アメリカ軍は、はっきりと北ベトナム軍だけとわかる軍はNVA（North Vietnam Army）、ほかはすべてベトコン（南ベトナムの共産主義者）と呼んでいた。戦後、メディアはまとめて解放軍と呼ぶことが多い。

1966年撮影

> ベトナム戦争の取材のために世界中から記者が来た

　MACVの記者会見場です。北ベトナムで撃墜された米軍パイロットをヘリコプターで救助に行った兵士が記者会見をしていました。左で撮影しているカメラマンは**ピューリッツァー賞**を受けた**沢田教一**さんです。
　ベトナム戦争の取材には、日本もふくめ世界中から大勢の記者、カメラマンが集まっていました。1968年1月、MACVの名簿には464人の**ジャーナリスト**が登録されていました。なぜ、多くの国に注目されたのでしょうか。
　ひとつはベトナム戦争が、南ベトナム政府がアメリカほか資本主義圏の支援を受け、北ベトナム政府がソ連、中国ほか共産主義圏の支援を受けた戦争と見られていたからです。もうひとつ、アメリカ軍がジャーナリストの取材に協力したことも大きな原因でした。戦場を撮影したいと申し込むと、すぐヘリコプターで連れていってくれました。
　なぜ、協力したのか。「アメリカは悪い共産主義を防ぐ正義の戦争をしているのだから、ジャーナリストはそのことを報道してくれるだろう」と考えたのです。

ピューリッツァー賞……新聞などの印刷報道、文学、作曲に与えられるアメリカで最も権威ある賞。　**沢田教一**……フォトジャーナリスト。青森県生まれ（1936-1970）。1965年ベトナム戦争の取材を開始、ピューリッツァー賞をはじめ数々の国際的な賞を受賞し精力的に活動を続けたが、1970年10月カンボジアでの取材中に銃撃され亡くなった。　**ジャーナリスト**……新聞・雑誌・テレビ・ラジオなど、現在の社会に起きている出来事を伝える活動のために、取材したり記事を書いたりする人。

戦場へ向かう
ジャーナリストたち

1967年撮影

Cレーション……アメリカ軍の戦闘糧食。軍事行動中に兵士に缶で配給された。

　これは大型ヘリコプターで前線基地に移動するジャーナリストたちです。ヘリコプターは無料です。兵士たちが戦場で食べる**Cレーション**という缶詰も、ジャーナリストは無料でもらうことができました。アメリカ軍には新聞、通信社、テレビ局や週刊誌など大勢のジャーナリストが同行しました。アメリカのテレビ局のサイゴン支局には日本人、韓国人のカメラマンもいました。

1966年撮影

女性カメラマンもいました。右の小柄な人はキャサリン・ルロイ。フランス人の勇敢な女性で、ケサンや861高地での戦闘の写真はアメリカの有名な写真週刊誌「LIFE」の傑作集にも掲載されています。左の女性はやはりフランス人のミッシェル・レイ。モデルもしていたことがあるという人です。そのほかにも、映画に出ていた男性俳優エロール・フリンの息子で、やはり俳優をしていたショーン・フリンという人もフリーカメラマンとして来ていましたが、カンボジアで反政府ゲリラに捕らえられて殺されてしまいました。ベトナムにはいろいろな人が来てジャーナリスト活動をしていたのです。

さまざまな経歴の人たちがベトナム戦争を取材した

エヴァプレスインタナショナル編『密封されたフィルム 日本人カメラマン12年のベトナム総集』紀伊國屋書店

ベトナム戦争取材中に多くのジャーナリストが命を失った

ベトナム戦争を取材中、14人の日本人をふくめてアメリカ、フランス、イギリス、ドイツ各国のジャーナリスト約80人が亡くなっています。

左上は沢田教一さん。この写真はピューリッツァー賞を受けました。世界中のカメラマンの中でいちばん多くベトナムの戦場へ行ったと思います。アメリカのUPI通信のサイゴン支局で仕事をしていました。1970［昭和45］年カンボジアで反政府軍のゲリラと思われる人たちに殺されました。34歳でした。

左下の写真は峯弘道さんが撮影した、米軍の輸送機が味方の大砲の弾に当たった瞬間です。峯さんはこの写真でオランダのハーグ世界報道写真賞を受けました。峯さんはUPI通信のカメラマンとしてベトナムに来て2か月で、乗っていた装甲車が地雷に触れてしまいました。亡くなったときは27歳でした。

右上は嶋元啓三郎さん。嶋元さんは戦場となっているラオスへヘリコプターで移動中、解放軍によって撃墜され死亡しました。34歳でした。嶋元さんは明るい青年で一緒に従軍したこともあり、お酒も飲んだことがあります。

右下はフリーで仕事をしていた若林弘男さん。カメラマンではなく記者でした。私も何度か会ったことがあります。従軍中でなくベトナムで乗っていた民間航空機が墜落しました。事故だったようです。32歳でした。

ベトナムで亡くなった日本人ジャーナリスト14人は、20代後半から30代前半でした。皆さんおとなしい静かな人たちでした。そういう人たちが仕事では力を発揮するのです。学校で弱い人をいじめたり、大人になってもいばっているような人は仕事のできない人です。

兵士と同じ軍服を着ても銃は持たなかった

1967年撮影

　ウーミンの森と呼ばれたマングローブ地帯での、南ベトナム政府軍の作戦を撮影している時の私です。軍服を着て兵士と同じ格好をしています。その方が兵士は仲間と思ってくれるからです。兵士は銃を持っていますが、私は銃のかわりにカメラを持ちます。武器は嫌いです。触ったこともありません。

**攻撃に向かうヘリコプター
兵士も私も恐怖を感じている**

1966年撮影

　ベトナムでは農村が戦場となりました。政府軍やアメリカ軍と戦う解放軍は村で生まれた農民が多く、村も拠点になっていたからです。アメリカ軍の作戦は「Search and Destroy（サーチ・アンド・デストロイ）」。解放軍の基地を探し出して破壊するということです。ほとんどの作戦では1台のヘリコプターに兵士6、7人を乗せ、たくさんのヘリコプターで村を襲っていました。私も村を攻撃する兵士と一緒にヘリコプターに乗りました。もしヘリコプターの着陸地点に解放軍がいると戦闘になります。だから兵士はすぐ銃が撃てるように準備していました。戦場へ向かうときは兵士も私も怖いです。

戦場ではポンチョをテントに利用した

1965年撮影

雨の中、政府軍の兵士が4、5人でポンチョという雨具を利用してテントにしています。私はいつもポンチョ、エアマット、毛布をリュックに入れておいて、自分で一人用のテントをつくって寝ました。だれも手伝ってくれません。自分のことはすべて自分でするのです。このような従軍生活を4年間続けました。

ベトナムの兵士はとても親切で一緒に食事をした

1965年撮影

政府軍の兵士は4、5人一緒で食事をつくります。私は食事代を払って隊長と一緒に食べていましたが、ベトナム兵はとても親切で、自分のグループで食事をしようと呼んでくれました。ベトナム兵は戦場でもご飯を炊き、鶏や豚肉、野菜でおかずをつくっていたのでおいしかったです。

私は語学が苦手です。かんたんなベトナム語は覚えられましたが、英語の話せる将校を通訳にして話しました。政府軍もアメリカ軍も日本語を話せる人は一人もいなかったので、軍に同行している時はすべて英語でした。

これはアメリカ軍の食事、Bレーションです。マッシュポテト、肉などが、ヘリコプターで戦場まで運ばれます。食パンもあります。これらは無料です。戦場を移動している時は缶詰のCレーション。ひとつの箱に缶詰のパン、肉、コーヒー、砂糖、ガム、果物などが入っていて、飽きないように内容の異なった6種類の箱がありました。Aレーションは基地の将校食堂でテーブルで食べます。基地ではお金を払いましたがとても安かったです。

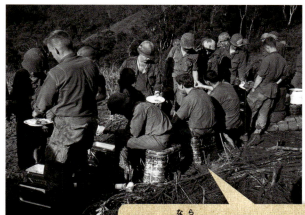

1967年撮影

列に並んで食事を受けとるアメリカ軍の兵士たち

> もう
> ここは、戦場だ

　森林地帯でホバリングしているヘリコプターから、兵士は飛び降ります。地上には焼けた木があってヘリコプターは着陸できないからです。アメリカ兵にとってはたいしたことない高さでしょうが、私にはとても高いところから飛び降りるようで怖かっ

1965年撮影

たです。足をくじく兵士もいました。
　私の場合は、従軍はほとんど一人でした。ほかのジャーナリストと一緒になったことは4年間で10回ぐらいです。ベトナムにいる50万人以上のアメリカ兵が数千、数万か所で作戦を行っていて、そのうちどこへ行くかを自分で決めていたからです。海兵隊、落下傘部隊、騎兵師団、歩兵師団、いろいろな部隊に同行しました。

私の目の前で一人の兵士が撃たれて死んだ

1965年撮影

ベトナムで戦死した兵士の名を記した壁……アメリカの首都ワシントンにあるベトナム戦争戦没者慰霊碑。黒い花こう岩で作られた壁で、全長75メートル、高さ3メートル。

戦場はとても危険でした。この写真は、私の前にいたアメリカ人将校のレフトイッチ少佐の顔を銃弾がかすめ血だらけになって無線電話で援軍を呼んでいるところです。丘の頂上に陣地をつくって待ち構えている解放軍に向かって攻め上がった政府軍が、強烈な銃撃を受けたのです。その向こうにウィリアムス中尉が倒れていましたが即死でした。

アメリカのワシントンに、**ベトナムで戦死した兵士の名を記した壁**があります。沖縄の平和の礎はワシントンの壁をモデルにしています。レフトイッチ少佐はその後中佐となり戦死しました。1985［昭和60］年にワシントンへ行った時、壁に刻まれたグルーム・レフトイッチ中佐、デンプシー・ウィリアムス中尉の名を見て、生きていればいろいろな人生を送ることができたのにと、とても残念に思いました。

週刊読売1968年1月19日号

戦場からの報告は戦争の実態を伝えるためにある

ベトナム戦争中、私が送った戦場報告は新聞、週刊誌、月刊誌などが掲載してくれました。世界中から集まった大勢のジャーナリストや各新聞社、通信社、テレビ局の特派員たちがベトナム戦争を報道しましたが、その多くは大軍で農村を攻撃するアメリカ軍に批判的でした。

後にアメリカの国防総省は、ベトナム戦争ではジャーナリストに自由な報道をさせたことで、アメリカ軍にとって都合の悪いことが報道され、そのためにベトナムから撤退しなければならなかったとして、湾岸戦争、アフガニスタン、イラクの戦争などでは報道を規制しました。しかし私は、世界のジャーナリストがベトナム戦争を自由に報道したからこそ、アメリカは8年でベトナムから撤退した、そうでなければ戦争はもっともっと長く続いて、アメリカ兵やベトナム人の犠牲者も増えただろうと思っています。

日本はアジア・太平洋戦争当時、報道を規制し、メディアも国の方針にしたがったので戦争の実態を国民は知りませんでした。そのため空襲や原爆で日本中が破壊され、沖縄にアメリカ軍が上陸するまで戦争は続いたのです。それでも日本軍の司令官たちは長野県の松代に指令本部をつくって、日本の中でアメリカ軍と戦うと主張しました。もしそうなっていたら、もっと多くの人が犠牲になっていたでしょう。

1965年5月19日撮影

このジープに乗ったままだったら私は死んでいただろう

私が乗っていたジープです。ジープから下りて撮影していたら、ドーンとすごい音がしたので振り返ってみると、そのジープが吹き飛んで、運転していた兵士が地面に横たわっていました。前に進んでいた隊長のジープは無事でした。私が乗っていたジープが災難にあったのです。生きるか死ぬかは運が大きく左右することを戦場で知りました。この時、私は27歳でした。

「命どぅ宝」——運が良かったので現在までいろいろなことが体験できました。死んでしまえばそれで終わりです。戦争は大切な命をたくさんうばってしまいます。私は生きていて良かったと思っているから、戦争には反対しているのです。

1970［昭和45］年4月11日、私の何回かの命日としています。カンボジアでは、3月にロン・ノル首相がシハヌーク国家元首を解任するクーデターを起こし全実権をにぎりました。その後からロン・ノル政府軍と反政府軍との戦闘が始まり、アメリカ軍、ベトナム政府軍もカンボジアに侵攻してカンボジアは戦場となりました。

反政府軍はジャーナリストを次々と捕らえて殺しました。4月6日、日本のテレビ局の2人の特派員をふくむ6人の外国人ジャーナリストが捕まり、殺されました。8日にはオーストラリア、ドイツの特派員が殺されました。

9日、私は日本電波ニュースの鈴木利一支局長と2人で、カンボジアに住むベトナム人がロン・ノル軍に捕らえられている様子を撮影しました。10日にそのベトナム人たちがロン・ノル軍に殺されたと聞き、11日に鈴木支局長とその現場へ行こうとしました。しかし、ロン・ノル軍が向こうは危険だからと通してくれません。道は人通りが少なく不気味です。でも鈴木さんと私は無理を言って現場へ向かうと、そこは激しい戦場になっていました。その状況を撮影してもどる途中、私たちは反政府軍の銃撃を受け、とっさに自動車から飛び降りて水田に逃げ込みました。その周辺ではジャーナリストたちが殺されています。大変なことになったと思っていると、政府軍との間で戦闘になったので、そのすきに自動車に乗って逃げて助かりました。

なぜ危険を承知で虐殺現場へ行こうとしたのか。ジャーナリストは現場をこの目で確認したいという気持ちがあるからです。

ジャーナリストが次々に殺された激しい戦場 私は待ちぶせから逃げて助かった

1970年4月11日撮影

街の中を装甲車が走る危険な状況で取材を続けた

1994［平成6］年。ボスニア・ヘルツェゴビナの首都サラエボの市街をパトロールする国連軍の装甲車です。戦闘が激しく続いている時で、連日**ボスニアの戦闘**の様子が新聞やテレビで報道されていました。サラエボの2月は雪が降っていて、ホテルの部屋は窓ガラスが割れていて冷たい風が吹きこみ、電気もつかず水も出ないというひどい状態でした。

ベトナムへ初めて行った時は26歳。ラオス・カンボジアへ行った時は32歳。自ら進んで戦場へ向かいました。まだ若く好奇心も強かったのです。でもボスニアで戦闘が続いている時は56歳。気力がおとろえたかわりに恐怖心が強くなっていました。若い時の方が未来があるから命を大切にしなければいけないはずなのに戦場へ行き、歳をとるにしたがって戦場へ行くのが怖くなったのです。それでもヨーロッパで起こっている戦争はどのようなものなのか知りたいという気持ちが恐怖心に勝り、現場へ向かいました。

ボスニアの戦闘……1992年ユーゴスラビアからの独立を宣言、3つの民族間で紛争が起こり、3年半以上にわたって戦闘が続いた。死者20万人、難民・避難民200万人とも言われている。

多くの国連平和維持軍の兵士たちが命を落とした

1994［平成6］年、**ソマリア**の国連軍です。ボスニアでヨーロッパの戦争を取材したので、ではアフリカの戦争はどのようなものなのか知りたくなって、ボスニアからソマリアへ移動しました。

外国で取材するときは通訳が大切です。私はベトナムでも単語を覚えず、英語が苦手でした。現地の言葉と日本語が話せる人がいれば一番良いのですが、戦争をしている国でそういう人を見つけるのは、ほぼ不可能です。ボスニアでは英語とボスニア語を話す人を、ソマリアでも英語を話す人を通訳にしました。英語がへたなぶんだけ多くの現場を撮影しようと思っていました。私は現場主義です。

ソマリア……ソマリア連邦共和国。1991年に起こった内戦により無政府状態が続いた。1992年12月、国連は多国籍軍を派遣するが、アイディード将軍は国連に宣戦布告、激しい戦闘となった（モガディシュの戦闘）。1995年国連部隊は撤退した。2012年、21年ぶりに統一新政府が樹立された。

この青空の下でも戦争は続いている

2002［平成14］年2月の**アフガニスタン**です。この時は通訳と運転手として二人のタジク人に手伝ってもらいました。二人に80ドル、食事代などで一日約100ドル支払い、さらにバーミヤンやパキスタン国境まで行き、約1か月滞在したので、日本での週刊誌、本などの原稿料を合わせてもかなりの赤字になりました。

フリーカメラマンの場合、撮影したネガや体験が財産です。一日の取材が終わるとノートを整理して、英語のわからないところをメモしておいて、一週間に一回ホテルで通訳に確認しました。

写真510枚を使い『石川文洋のアフガニスタン・戦争はなぜ起こるのか』という本を出版しました。アフガニスタンの戦争、難民、学校、文化、料理、歴史などについて書きました。そのために71冊の本を読みました。私は資料を読むのが好きです。ベトナムの歴史を書いたときは220冊の本を読みました。

アフガニスタン……2001年9月11日に起きたアメリカ同時多発テロ事件の首謀者引き渡しを拒否したアフガニスタンのタリバン政権を倒すべく、NATO（北大西洋条約機構）軍が軍事行動を行った。この攻撃は「対テロ戦争」と位置づけられた。

撮影し記録された戦争 一人ひとりがその真実と向き合う

現在、ホーチミン市にある**戦争博物館**の私の写真を展示してある部屋です。大勢のカメラマンがベトナム戦争を撮影しました。戦争の歴史の中でいちばん多く撮影された戦争です。戦争を知るうえで貴重な記録です。私の部屋がある理由は、1965［昭和40］年から現在まで長い間撮影を続けていることと、戦争中に南北ベトナム両方を撮影したことなどによります。

私の写真の前で立ち止まって考えている人がいると、危険の中で撮影した甲斐があったと喜びを感じます。仕事の評価というのは努力を積み重ねた結果に生まれるものと思っています。

戦争博物館……ベトナムのホーチミン市にある戦争証跡博物館。写真や戦車、戦闘機などベトナム戦争に関するさまざまな資料を展示している。日本人報道カメラマンの石川文洋氏と中村梧郎氏の写真を常設展示している。

生徒たちが感じたこと、考えたこと

自分の思っていた戦争と実際の戦争とは大きくちがってびっくりしました。（1年1部　天野悠美）

石川文洋先生の話をきいて、本当に戦争はおそろしいものだと思いました。ベトナム戦争では戦争に関係していない一般の方が200万人も殺されたということを聞いて、本当に今の日本はもう戦争が終わっていて良かったなと改めて思いました。そして石川先生の「知ることで防げる」という言葉が印象にのこりました。

あと先生の話をきいて、自分の思っていた戦争と実際の戦争とは大きくちがってびっくりしました。石川先生は今までに7回あぶない事にあったと言っていましたが、そんな怖い戦場で仕事をしている人たちは本当にすごいなと思いました。私だったら目の前で人が殺されたら、もうその仕事は続けられなくなると思います。あと、戦争のありのままのすがたを伝えようとしているのは本当にいいことだと思いました。

戦争は殺し合いだということをあらためて知ることができました（1年1部　北澤尚大）

今日は本当にありがとうございました。ぼくたちは今までたくさん戦争のことを勉強してきました。でもその中で疑問に思ったことがあったり、なんでカメラマンを続けるのだろうとなやんできました。でも今日なやんでいたことがわかりました。カメラマンを続けることは、次の世代に受けつがれていくことだし、戦争は殺し合いだということをあらためて知ることができました。生でお話を聞けることはないのでとても勉強になりました。ありがとうございました。

石川さんはいろんな戦争にいって数々の人々を見てきたと思います。でも危機一髪の危険な所などがたくさんあるとおっしゃっていました。そんな危ない所に自分から行くことはとても勇気のあることだし、とっても怖いことだと思います。そんな、貴重な話を今日は本当にありがとうございました。

写真一枚一枚がとても重く感じて、撮る人の気持ちがたくさんつまっている（1年1部　藤原 孟）

どの話も非常にすごい体験談で、現実味がよく伝わってくる話でした。写真一枚一枚がとても重く感じて、撮る人の気持ちがたくさんつまっているんだとひしひしと感じました。

情報などについては、非常に大切な物だと思いました。情報がなければ対策とかも練れないし感じる事もできません。大事さを痛感しました。戦争の事や震災の事は決して風化させてはいけない物だと思いました。

戦争は、戦場カメラマンのように命をかけて、知らせるのも大事です（1年2部　高橋 唯）

石川文洋先生、今日はためになる話をありがとうございます。これまで平和学習をしてきたけれども、戦場カメラマン本人から聞くと知らないことが出てきました。一番は、戦争のことで日本に不利になることを、当時は報道してはいけなかったということです。国民は、戦争で日本軍が相手側をぎゃく殺しても、日本軍の戦闘機が落とされても、日本軍が正々堂々戦って勝利した、有利に戦いが進んでいるという、うその情報が本当だと思っているのが悲しかったです。今は戦争カメラマンが、命をかけ現地に行って伝えてくれるけど政治はちがいます。最近、特定秘密保護法が可決されてしまいました。これによって重要なことの一部は国民には、十年、二十年、あるいは永遠に知ることができなくなってしまいます。戦争は、戦場カメラマンのように命をかけて、知らせるのも大事です。でも日本の平和を守るのも大事だと思います。

こうして平和でいられることが幸せだとあらためて感じた（1年2部　保科美桜花）

すごい貴重な経験をさせていただいた。今まで映像を見てもくわしいことがよくわからなかったけれど、今日のことで実際にどういうことがあったかわかってよかった。もしかしたら今の日本がいずれ、戦争にあうかもしれない。

そう考えると、本当に今、こうして平和でいられることが幸せだとあらためて感じた。まだくわしく聞けなかったことがいっぱいあったけど、また次の時間に聞いてみたい。まだベトナム戦争の前の戦争では、本当のことが知らされないまま参加していて、いやだなぁと思った。大切な人が無差別で殺されるのは、今の日本ではまったく考えられない事だけど、今日

聞いた事を、忘れないようにして、小さい子やこれからの世代に忘れられないように、語りついでいきたいと思った。

日本にとって都合のいいことばかり知らせてひどい現状は伝えない（1年2部　宮澤歩夢）

石川先生から、貴重なお時間をいただき、戦争の事について、いろいろお話を聞きました。

今日、日本がひどいことをしてきたことも知りました。日本にとって都合のいいことばかり知らせてひどい現状は伝えない……。日本は、戦争をしないとちかった国であるけれど、裏では、たくさんひどいことをしてきたんだなぁと知りました。

石川先生、ありがとうございました。

今でも都合の良いものしかニュースになっていないと思います（1年2部　八木沢敏貴）

石川文洋さんは戦場へ行き戦争がどれくらいひどいものか知っています。人がどのように殺されているのか、子どもが泣いているところ、たくさんの場面を見ています。いくら戦争にくわしいといっても文洋さんのように実際に行ってみなければ戦争のおそろしさはわかりません。

軍は新聞にのせていい写真、のせてはいけない写真をわけていました。見せてはいけないことを軍は知っているのに国民はそのことを知りませんでした。もしその写真を国民が見ていれば日本は崩壊していたかもしれません。軍は日本を崩壊させていたかもしれません。

今でも都合の良いものしかニュースになっていないと思います。政治家はうそをつくことが多いので国民は知らないことのほうが多いと思います。だから本当のことを国民に伝えてくれるようになればいいと思いました。

怖かったですが戦争の現実がよく伝わってきました（1年3部　石澤日向）

石川先生のお話は、これまで平和学習をしてきたぼくたちにとってとても勉強になりました。ぼくは、これまで戦争を生で体験した方のお話は聞いたことがなかったので、とても貴重なお話が聞けたと感じています。写真は、とても生々しく、怖かったですが戦争の現実がよく伝わってきました。先生は、フリーのカメラマンだから、だれかに行けと言われたのではないのに戦場に立って戦争を伝えようとしていてすごいと思いました。ぼくは今日の先生のお話で初めて報道のことを知りました。日本軍が中国の人をたくさん殺していたことを日本の人が報道規制によって知らなかったなんて今まで知りませんでした。先生が言ったように、報道していればあんなにたくさんの人が死なずに戦争が終わっただろうというのはその通りだと思いました。貴重なお話ありがとうございました。

戦場がどんな場所なのかということが鮮明に伝わってきた（1年3部　江尻林平）

今まで、学年での平和についての学習など、戦争に関する学習をたくさんしてきた。しかし、今までの学習はビデオなどを見て、それをみんなで考える、そういう学習だったが、今回は、実際に戦場へ何度も行った、戦場ジャーナリストの石川文洋さんに直接話してもらうことができた。やはり編集のできるビデオとはちがい、見たり、経験したりしたことをそのまま話してくださり、とても勉強になった。どんなビデオの映像よりも、戦場がどんな場所なのかということが鮮明に伝わってきた。石川さんのようなジャーナリストがいるおかげで後の世代まで戦争というものの恐ろしさが受けつがれているのだと思う。今回は本当に貴重な話を聞かせてもらった。しかし今度は自分たちが後の世代へ伝えるという立場に立ち、この日本、そして世界から戦争の恐ろしさを忘れることのないように努力したい。

生徒たちが感じたこと、考えたこと

報道が自由にできなかっただけで多くの命がうばわれた（1年3部　鷹野原一輝）

お話を聞かせてもらって、これまで戦争の勉強はたくさんしてきたけど文洋さんの話すことは実際にあったことだからとても生々しかったし、危険ととなり合わせということが伝わってきました。人が近くで死んで悲しいとか、怖いなと思うことが毎日続くと慣れてしまい、そう思わなくなってきてしまうのがもし自分だったら恐ろしいと思いました。戦争で生きて帰ってこられるというのはとてもすごい事だし、うれしいことだと思います。帰ってきてこそ伝えられる、できることだと思いました。日本でも戦争がありましたが、その報道が自由にできなかっただけで多くの命がうばわれたから、報道さえあれば今生きていない人も、もしかしたら生きていたかもしれないというのが悔しいなぁと思いました。ふだんはめったに聞けないお話をありがとうございました。とても勉強になりました。

本当の戦場のカメラマンの話を聞くと映像よりリアルで、生々しかった（1年3部　田村花香）

今まで平和学習をしてきたが、本当の戦場のカメラマンの話を聞くと映像よりリアルで、生々しかった。地雷の話で、本当に戦場で働く人は、1秒1秒が大切なんだと思った。そしてその1秒が命取りにもなるし、自分を救うのだと思った。

最初の方の話で日本がいろんな真実を隠ぺいした話を聞いて、そのころの日本は考え方が今とぜんぜんちがって、国民が権力者の良いように使われている気がして、とても腹が立つ思いだった。

子どもの母親が亡くなっている写真を見て、子どももまだ小さかったので、このくらいの時に私の母が亡くなってしまっていたら、自分たちの身代わりになって守ってくれて亡くなったらと考えたら、たぶんその後の人生、ずっとその事を気にして生きていくだろうなと思ってとても怖かったし、戦争のない平和な国に生まれた事にとても感謝できたし、親がいる事にも感謝ができた。

悲しいことや死への恐怖のなかで写真を撮ることはぼくではむりだと思った（1年3部　山口開聖）

ぼくは戦争なんて見たこともないし、どんなものかもわかりませんでした。でも、平和学習をするなかでジャーナリストや戦場カメラマンという仕事をする方がいると知り、文洋先生が来るのを楽しみにしていました。実際に講演を聞いて、文洋さんが体験したことをわかりやすく教えて下さったり、写真をとってきて下さったおかげで何も知らなかった戦争の現状や当時の記録などがわかりました。死を覚悟しながら戦場に行き、その現場を写真でおさめるというそんなことをやる戦場カメラマンはすごいと思ったし、かっこいいと思いました。でも、悲しいことや死への恐怖のなかで写真を撮ることはぼくではむりだと思った。だけど、本当は戦争なんかなければいいと思います。だから、自分ができることは身近なことの争いをなくすことと、戦争について知るということだと思いました。

ぼくは戦争は、人を変えてしまうと思いました（1年4部　小口 巧）

実際に戦争へ行ってそこで暮らしてきた人の話を聞けてよかった。戦争に行ってそこで暮らすと感覚がまひするという話で、ぼくは戦争は、人を変えてしまうと思いました。戦地では、人どうしが殺しあいをしているわけで、でも一度故郷に帰れば一般市民と変わらないから戦争は恐ろしいものだと思う。太平洋戦争では、日本に不都合な写真などが不採用として隠された。国民は、ずっとその情報を信じてきた。しかしベトナム戦争では、ありのままの真実が公開された。政府や軍隊などの力に屈せずに公開したことはすごいと思う。日本は今のところ平和だから戦争とか体験したことがありません。だからこそ実際に体験した人からその話を聞くということは貴重な体験だと思いました。

同じあやまちをくり返さないために今の自分たちがいると思う（1年4部　北澤 望）

今日はとても重要な話を聞けたと思います。実際に戦争に行った人は今では少なくなってきてしまっているし、その時の国民はもう死んでしまっているか年をとりすぎて話ができない人が多いのではないかと思います。自ら戦場に行くのはとても勇気がいることだと思います。けれどそれでも戦場に行くのは、何も知らないぼくたちの世代に伝えることがあったからだと思います。ぼくが一番思うのは、戦争をするのをやめさせることで、日本は昔、戦争というあやまちをして今では戦争はいけないものだということに気がついたからだと思います。同じあやまちをくり

返さないために今の自分たちがいると思うので、今ぼくたちはそういう学習をしているのだと思います。現在では、秘密にされていることがたくさんあると思います。だから、戦場カメラマンがいるんだと思いました。平和への努力をしたいです。

私は戦争について、今まで、知っているかのように話していました（1年4部　小平 雅）

　私の身近には戦争を体験した人はいません。お母さんはもちろん体験していなくて、おじいちゃんとおばあちゃんは戦後に生まれました。ひいおじいちゃんとひいおばあちゃんはもうこの世にはいません。私は戦争について、今まで、知っているかのように話していました。もちろん、実際に戦争に行った人と話をしたこともありません。でも今回初めて、戦争に行った方（それは身内じゃなくてジャーナリストという仕事をしている人でも同じです）と話をしました。今の日本（こんなに平和なのに）が少し前のベトナムなどの国々と同じような生活だったと知って、おどろかずにはいられません。少し歩くと地雷があり、少し動くだけで、銃弾が飛びかう、そんな景色を私は想像できません。つまり、今の私たちは、「そんなことありえない」と考えているからです。広い地球の中で、まだ戦争をしている国があることをもっと知るべきだと思いました。

何でも信じるのではなくて、考えて情報を見たいです（1年4部　小深田芽衣）

　今日、お話を聞いて初めて知ったことがたくさんあったけど、その中でも印象的だったのは「真実では無いデマが報道されていた」ということです。もしかしたら私が今まで本当だと思っていたことがデマなのかもしれないと思いました。デマの情報を流された人は、本当だと思いこんで自分も危険な方向に進んでしまうかもしれないし、デマを書かないといけない人もいやだと思います。石川先生は、「事実を報道していれば助かった命もあった」と言っていたので、あったことをありのままに形を変えずに伝えるのは、むずかしいけれど、とても大切なことだということがわかりました。今、平和な日本にもたくさんの秘密があると言っていたので、まだ完全に本当のことが放送されているとは限らないということがわかりました。私も何でも信じるのではなくて、考えて情報を見たいです。

世界中のどこかで、戦争で苦しんでいる気持ちをわかちあうことが一番大事（1年4部　清水天暉）

　今日、戦争のことでいろんなことを学ぶことができたと思います。今、こうして日本が平和なのは、報道カメラマンの写真のおかげでもあると思います。事実を伝えなければ、何も解決はしないままで、戦争というつらいことが広がってしまうのではないかとぼくは思いました。都合のいいことだけだと、戦争が終わらない、一生平和にならないと思います。世界中のどこかで、戦争で苦しんでいる気持ちをわかちあうことが一番大事だと思います。でも、こうやって、今、戦場での事実、起きていることを伝えようとしてくれるカメラマンがいるから平和になれるんじゃないかなと思いました。戦争はとてもひどいと思います。同じ人間が、多くの人たちが死んでいってしまうからです。だから、世界は早く平和になるべきだと思いました。

これからは、本当にあったことを秘密にせず、すべて伝えてほしい（1年4部　関 陽香理）

　今回私たちが、実際戦場に行っていろいろな写真を撮って報道してきた方のお話を聞けて、とても良かったです。私が一番おどろいたことは、日本の戦争の報道をする時、うその情報や、正しくなくて、自分たちに都合のいいことだけを報道しているということです。それでは報道する意味が無いのではないかと思いました。だからこれからは、本当にあったことを秘密にせず、すべて伝えてほしいと思いました。それに、秘密にしなければいけないようなことをするなら戦争なんてやめてしまえばいいと思います。

生徒たちが感じたこと、考えたこと

平和が続けば続くほど国民の戦争への関心はうすれていく（1年4部　芹澤岳士）

　戦争について知るということ、さらにそれを後世に伝えるということ、ただし真実を伝えなければいけない。すごくむずかしいと思います。平和が続く続くほど国民の戦争への関心はうすれていくと思います。でも知って伝えなければいけない、そうしないと今の平和は続きません。今日はその中の「知る」ということについて多くのことを学びました。実際に戦場に行った人が語ってくれたことでどういう気持ちだったか、どんなことなのかほんの一部分だけれど知れて良かったです。

戦争中は気持ちがマヒしてしまうんじゃないか（1年4部　保科光平）

　実際に戦争を経験された方から生の話を聞けて、戦争の意外な事実や、戦争中の国の様子などが今までよりわかりやすく聞く事ができたのでよかった。戦場カメラマンをやっている以上いつ殺されるかわからない中で戦争の真実にせまるべくいろんな写真を撮ってくるのはすごいと思ったし、目の前で人が亡くなったというのを聞いて「戦争中はこれがふつうなのか」とありえないほどおどろきました。ぼくは親しい友だちが目の前で亡くなったりしたら、あまりにもショックで言葉も出ないと思うけど、戦争中の国ではたくさんの人が亡くなるのを見てしまうからそういう気持ちもマヒして、本当の気持ちというのが出てこないんじゃないかなと思った。

そこまで多くの本当の戦場に行った人に会うのは初めてでした（1年4部　増澤俊輝）

　今日、石川さんの話を聞いておどろいたことがたくさんありました。まず、日本での報道の中で、日本軍に不利な情報は伝えない、ということでした。戦場カメラマンが命をかけて撮った写真なのに、軍は勝手に許可不許可を出すのは少し悲しいことだと思いました。
　自分の乗っていたジープが爆発したという出来事はとてもおどろきました。そんな世界観で生きている石川さんはどんな気持ちだったのだろうと思いました。話の中で「人が死んでいくのを見ていて怖いと思ったけどそのうちに慣れました」と言っていました。自分は言葉の意味を疑いました。人が死んでいく光景に慣れる。そこまで多くの本当の戦場に行った人に会うのは初めてでした。これまでにないおどろきと恐怖を味わいました。
　石川さんみたいな人もいずれはいなくなってしまいます。だからこそ、ぼくたちが伝えていかなくてはいけないと思いました。

本当のことはすべて私たちに教えてほしい（1年3部　金崎瞳）

　私は戦争は好きじゃないし、戦争についても小学校で少し勉強して、それだけなので、あんまりよくわかりません。でも今日、石川文洋先生のお話を聞いて、ジャーナリストは、命がけで私たち子どもや第三者、戦争を知らない人たちに教えるのが一つの仕事だということがわかったし、日本が戦争をしていたときも、政治家が「これは出していい写真、出してはいけない写真」と決めるのはおかしいし、そのころの日本国民に、本当の戦地のことが知らされていなかったのはへんです。自分たちのつごうのいいことは教えて、都合の悪いことは教えない、そんなことがあってはいけないと思います。なので、私は今が本当のことを教えているとは限らないと思います。「特定秘密保護法案」をつくらずに、本当のことはすべて私たちに教えてほしいと思いました。

戦争のことをもっと知りたいという興味がわいてきた（1年3部　中島あかり）

　実際に戦争の場に行って写真をとってきた人のお話を聞けてうれしかったです。実際に戦争の場に行って、親しい人や、知り合った人がなくなってしまうときの気持ちや、危なかった事などを生で聞けてとっても勉強になったし、もっともっと知りたいという興味がわいてきたのでうれしかったです。戦争というのは自分自身が体験したことがないので、まったく実感がなく、石川さんが来る前も写真などは見ていましたが、やはり実感というものはなかったです。でも、実際に戦争に行った石川さんの話を聞くと、少し想像ができた気がしてよかったかなと思いました。これからも、たぶん戦争のことを勉強していくと思うけど、しっかりその時、その場にいた人の気持ちとかも考えながら勉強できたらいいなあと思いました。今日は自分の興味が出てきていい時間でした。うれしかったです。

戦争はやっぱり、この世からなくなるべきもの（1年4部　門脇 大）

　歴史（授業）では習わなかった、知らなかったことが多かったです。戦争で多くの人が殺されたのは知っていたが、あんなに殺しているのは初めて見ました。だから政府は秘密にしていたんですよね。でも石川先生は、それを秘密にしてはいけない、まず秘密をつくってはいけないと言っていました。ジャーナリストはそれを訴えるためにあるのだと思いました。

　戦争はやっぱり、この世からなくなるべきものだと思う。人が人を殺し、それが戦争は何千、何万も死者をうみだす。だからこそ、なくなるべき。武器だって使用しない。戦争がなくなるような活動をすればいつか、きっとこの世から戦争はなくなると思います。ぼくは戦争はやめてほしいです。人が死ぬなんていやだなあと今日思いました。戦争をやるならもっと違う所に目を向けてほしい。そうすれば何万人もの人が助けられると思います。

目をそむけるのではなく自分から知っていく事（1年1部　臼井洋太）

　今日は、ビデオなどではなく、実際にカメラマンで戦場に行った方が来たので、ビデオよりも説得力がありました。戦争のときは情報がほとんどなかったこと、命の危機があったこと、いろいろ聞きました。今日この話を聞いて、戦争は自分が生まれるよりずっと前に起こったことだけど、目をそむけるのではなく、自分から知っていく事が必要だと思った。今日の話で、戦争のときはカメラマンが撮った写真が規制されていると聞いて驚いた。今は、伝えるためにたくさんのジャーナリストがいるけれど、昔は、いても日本の不利になる情報は出してはいけなくて、市民の人は知らなかったそうだ。カメラマンの写真はむだになると思った。でも、どちらが正しいかわからないと思う。日本の軍の人も勝つことしか頭になくて、おかしくなったんだと思う。今日は前よりもっと知ることができてよかった。

ものすごく戦争は醜いもの（1年1部　宮坂ひまわり）

　戦争は、ものすごく怖くて、悲しいものなんだとわかりました。カメラマンも、怖いことはあるんだと思いました。都合のいいことしか書いていないなんてとてもずるいと思いました。カメラマンも苦しい思いを受け、死んでしまった子ども、大人、おじいちゃん、おばあちゃんなどが殺されていって、悲しく苦しい思いをしていたので、戦争はとてもよくないと思っているし、だれかが泣くということが起きます。ものすごく戦争は醜いものなので、世界中から戦争をなくしたいし、こんな醜いものなんだよって世界の人びとに伝えて、戦争をやめさせて、幸せにくらしていきたいです。

人と人が殺し合う、そんな戦争はなんであるのだろう（1年4部　小平純也）

　実際に戦場に行って来た人から戦場の様子などを詳しく聞くことができて良かった。実際に戦場に行った人から話を聞く事はあまりできないと思う。だけれども、文洋先生に貴重なお話を聞けてとても良かったです。写真と言葉といっしょに説明してくださったので、そのときの状況などをしっかりと想像して聞くことができました。文洋先生の話を聞いて、やっぱり戦争はいやだなあと思いました。人と人が殺し合う、そんな戦争はなんであるのだろうと思いました。文洋先生は、死ぬ覚悟で戦場に行ったと言ったけれど、ぼくはそんなことは絶対できません。自分の終わりまで生きたいし、家族ともいっしょにいたいし…。でも戦場カメラマンがいなければ戦争のことはまったくわかりません。だから、戦場カメラマンは、みんな死ぬ覚悟で戦場に行っていたんだなあと思いました。

先生が感じたこと、思ったこと

石川文洋先生に平和教育へ関わっていただいて思ったこと

茅野市立北部中学校教諭　花岡　望

　私はこの学校に来るまでは小学校で担任をしていました。

　小学校で行ってきた平和教育といえば、国語科の教材とあわせてあつかうことがほとんどでした。現代を生きる小学生にとって戦争中のことは本当に未知のもので、「ほしいい」といった語句や「ひもじい」といった概念などから説明が必要なほどでした。ですので、戦時中の雰囲気や空気を少しでも分かりやすく伝えるために、その時期に戦争をテーマにした本を学級文庫に増やしたり、「火垂るの墓」や「さとうきび畑のうた」のDVDを見たりといったことが私がこれまでにしてきた平和教育でした。私自身、戦争について知っていることがそれ以上になかったというのも、そんな平和教育をしてきた理由です。

　文洋先生に関わっていただき、三年間平和学習をしてきて特に感じたことが三つあります。

　一つ目は、当事者の言葉の重みです。

　文洋先生という戦争を実際に見た人でないと語れない言葉があると思いました。戦争について多くを学んでも、その時の感情は、実際にその場にいた人でないとわかりません。戦争を体験していない私にはどうにもできない部分です。ただ、戦争体験者の方からお話をうかがうというのは時間とともにむずかしくなってきてもいます。もっとも効果的な学習方法ですが、この方法に替わるものを考えていく必要もあると思いました。

　二つ目は、実際の資料から学ぶことの価値です。

　今回、文洋先生が撮った数多くの写真を見ることができました。戦争の写真として私がこれまでに見たのは、戦闘機や空襲で焼け野原になった町並み、ひどい怪我を負った人などの写真でした。文洋先生の写真の中にそういったものもありましたが、それ以外のものも多くありました。見ていて感じたのは、そこに暮らす人の生活に密着した写真だということでした。戦争の被害を受けた前後の写真をあわせて見せていただいたときには、あまりの変わりようにびっくりしました。文洋先生の、写真についてのお話をあわせて聞くことで更に深く感じることができました。

　三つ目は、データから学ぶという視点です。

　これまで、戦争の学習というと、戦争の残酷さを感じ、「戦争はいけない」と結論づけるものがほとんどでした。感情論のようになってしまって、まちがってはいけないとは思いつつ、他のアプローチはないのだろうかと思っていました。今回、満蒙開拓や沖縄戦について学ぶ中で開拓に関わった人数や亡くなった人数、開拓に参加した人々の理由など、客観的なデータから自分ならどう行動したか、何を考えたか、という学習の方法をとる機会がありました。ただ「戦争はいけない」ではなく、自分がその場所にいたらどうするか、と考えることで、より深く考えることができました。

　文洋先生のお話を聞きながら、私自身はこの後、どんな平和教育ができるのかと考えてきました。感情を教える平和教育ではなくて、資料を提示し、その資料から自分がどう感じ、考えるのか問いかけ、生徒たちがその思いを交流させる中から学んでいくような平和教育をしたいと思います。そのために、子どもたちに訴えかけるような資料を探し、資料化していくことが、まず私がすべきことだと思いました。

あとがき

石川　文洋

戦争報道は被害者の視点に立って

　私は話すことが下手なので講演よりは撮影を優先させてきました。でも最近は、これまでに私が見てきた戦争を若い人たちに伝えていきたいという気持ちになっています。年齢的に戦場へ撮影に行く気力や体力がおとろえていることもありますが、戦争の歴史のなかでも、最前線で長期間自由に撮影ができたベトナム戦争取材の体験者が少なくなったからです。

　これまでも小学校から大学まで戦争のことを話す機会がありました。茨城大学では14コマ、22時間の講義をしました。長野県の川岸小や、他の県の小、中、高、大学で話す機会をいただきました。

　そうした経験から今、学校教育の中で、世界の戦争、特にアジア・太平洋戦争での日本の戦争の実態がどの程度生徒に伝えられているか疑問に感じています。今手元に2011年刊の中学生用「新しい日本の歴史」(育鵬社)「新しい公民教科書」(自由社)、2017年刊「新編・新しい社会・歴史」(東京書籍)、2014年刊「詳説・世界史図録」(山川出版社)、2017年刊「詳説・日本史図録」(山川出版社)などの教科書や図録があります。

　育鵬社、自由社の教科書は当時、日本のアジア・太平洋戦争、植民地政策などに関する反省を「自虐的な歴史観」とした人びとが関係した教科書だったので購入しました。他の各社の教科書や図録は諏訪市の教育会館で読みました。内容は多岐にわたっていますが、私が取材を続けている沖縄・韓国・朝鮮・ベトナムに関して育鵬社の記述と私との見解のちがいを感じました。

　東京書籍の教科書、山川出版社の図録から、あらためて学ぶことが多かったのですが、他の教科書もふくめ当時の日本軍や日本政府の行動や政策に関して、批判的な記述はありますが、「侵略」という文字がありません。日本政府が日本の戦争の総括をしていないので、2013年4月23日、国会の予算委員会での「侵略という定義は国際的に定まっていない、国と国との関係でどちらから見るかということで評価が違う。政治の場でなく学者が議論するべき」という答弁になるのだと、私は思います。

　私は政治家こそ被害者の立場に立ち、侵略とは何かを考えるべきと思っています。ベトナムの戦場を4年間撮影したカメラマンの目から見ると、ベトナムにおけるアメリカは侵略者です。軍事力をもって相手国を自国の利益になるような国にしようとするのは侵略です。

　私が撮影していた時、約50万人のアメリカ軍がベトナムの農村を攻撃していました。かつてフランスは侵略者としてベトナムを支配し、農産物、工業資源をベトナムからうばっていました。アメリカはフランスのように領土の植民地化、産物の接収などの考えはなく、むしろ莫大な軍事費用をつぎこんでいました。それでも被害者の農民から見ると侵略者となるのです。

　この本にまとめた平和授業は、戦争報道は被害者の視点に立つべきという立場で話しました。授業中の生徒の姿勢、感想文には、戦争報道がどうあるべきかを理解したことがあらわれていました。

さくいん

あ
- アフガニスタン … 37
- 板垣征四郎 … 11
- 石原莞爾 … 11
- インパール作戦 … 14
- Aレーション … 31

か
- 解放軍 … 25, 28, 30, 34
- 韓国併合 … 20, 21
- 関東軍 … 11
- カンボジア … 28, 35
- 義烈空挺隊 … 16
- 検閲 … 9
- 黒台信濃村開拓団 … 12
- 国家総動員法 … 9
- ガダルカナル … 13, 14
- 小柳次一 … 16, 17

さ
- サハリン … 24
- サラエボ … 36
- 沢田教一 … 25
- 38度線 … 20, 21, 22
- シハヌーク … 35
- 嶋元啓三郎 … 28
- Cレーション … 26, 29
- 真珠湾 … 13
- 鈴木利一 … 35
- ソマリア … 36

た
- 朝鮮戦争 … 21
- 特攻隊 … 16, 18
- 東京大空襲 … 18

な
- 南京 … 9, 10, 11

は
- Bレーション … 31
- ピューリッツアー賞 … 25, 28
- フィリピン作戦 … 14
- ベトナム … 25, 28, 29, 30, 31, 33, 34, 35
- 北方領土 … 24
- ボスニア・ヘルツェゴビナ … 36

ま
- 松本政利 … 18
- 南満州鉄道 … 11
- 満州国 … 11, 12
- 満州事変 … 11
- 満蒙開拓平和記念館 … 12
- 南ベトナム政府 … 25
- 峯弘道 … 28
- 宮越春雄 … 16

や
- 山城金栄 … 16

ら
- ラバウル（航空隊） … 15, 16
- 柳条湖事件 … 11
- レフトイッチ中佐 … 34
- ロン・ノル … 35

わ
- 若林弘男 … 28

石川 文洋

いしかわ ぶんよう

1938年、沖縄県那覇市首里に生まれる。毎日映画社、香港のスタジオ勤務を経て1965年1月〜1968年12月までフリーカメラマンとして南ベトナムの首都サイゴン（現ホーチミン市）に滞在、アメリカ軍・サイゴン政府軍に同行取材。1969年〜1984年朝日新聞社カメラマン、その後フリーの報道カメラマンとして活躍。1998年9月、ベトナム・ホーチミン市の戦争証跡博物館内に「石川文洋ベトナム報道35年 戦争と平和」常設室が開設される。
日本写真協会年度賞（1973年）、日本雑誌写真記者会賞（1982年、1983年）日本ジャーナリスト会議特別賞（1990年）、市川市民文化賞／スウェーデン賞（1997年）などを受賞。2005年ベトナム政府より文化通信事業功労賞が贈られた。

●著書

『ベトナム最前線 カメラ・ルポ 戦争と兵士と民衆』『週刊読売 石川文洋写真集 従軍3年の記録 これがベトナム戦争だ！』（共に読売新聞社）

『写真報告 戦争と民衆』『北ベトナム フォト・ルポルタージュ』（共に朝日新聞社）

『写真報告 大虐殺 カンボジア、ベトナム1979』（朝日ソノラマ）

『戦場カメラマン』『報道カメラマン』（共に朝日文庫）

『シャッターチャンスはいちどだけ』（ポプラ社）

『石川文洋写真集 琉球舞踊』『戦争と人間 フォトドキュメント・ベトナム』（共に創和出版）

『写真記録ベトナム戦争』（金曜日）

『死んだらいけない』（日本経済新聞社）

『ベトナムロード 戦争史をたどる2300キロ』（平凡社ライブラリー）

『写真は心で撮ろう』（岩波ジュニア新書）

『カラー版 ベトナム 戦争と平和』『フォト・ストーリー 沖縄の70年』『日本縦断 徒歩の旅 65歳の挑戦』『カラー版 四国八十八カ所 わたしの遍路旅』（以上、岩波新書）

『戦争はなぜ起こるのか 石川文洋のアフガニスタン』（冬青社）

『旅する心のつくりかた』（サンポスト）

『私が見た戦争』『基地で平和はつくれない 石川文洋の見た辺野古』『命どぅ宝・戦争と人生を語る』『基地、平和、沖縄 元戦場カメラマンの視点』（以上、新日本出版社）など多数ある。

報道カメラマンの課外授業
いっしょに考えよう、戦争のこと
1 戦争はどう報道されたのか

発行	2018年3月20日　第1刷発行
	2019年4月1日　第2刷発行

写真・文	石川文洋
協力	茅野市立北部中学校
ブックデザイン	須藤康子
DTP	由比（島津デザイン事務所）
発行所	株式会社　童心社
	〒112-0011　東京都文京区千石4-6-6
	電話　03-5976-4181（代表）
	FAX　03-5978-1079（編集）
印刷・製本	図書印刷株式会社

©Bunyo Ishikawa 2018
Published by DOSHINSHA Printed in Japan.
ISBN978-4-494-01836-9　NDC916　30.3×21.6㎝　47P
https://www.doshinsha.co.jp/

本書の複写、スキャン、デジタル化等の無断複製は著作権法上での例外を除き禁じられています。本書を代行業者等の第三者に依頼してスキャンやデジタル化することは、たとえ個人や家庭内の利用であっても、著作権法上認められていません。